Joëlle Randegger

Frémissement de l'Aube

Paroles de vie et d'espérance
pour un temps de souffrance

Aquarelles Henri Lindegaard

Réveil Publications
AU FIL DES JOURS

DANS LA MÊME COLLECTION :

Passages Alain Arnoux, 1998.

Les Psaumes du pèlerin Roger Chapal,
Henri Lindegaard,
Daniel Bourguet, 1998.

Saveurs d'évangile Maurice Pont, 1999.

Une source cachée au cœur du monde Sœur Myriam, 1999.

L'unité : une option non facultative Fadiey Lovsky,
Henri Fischer, 1999.

ISBN 2 902916 52 2
B.P. 4464 - 69241 Lyon Cedex 04

PRÉFACE

L'autre jour, mon ami Claude Levain me confiait à l'occasion d'une prédication sur la tentation de Jésus, qu'il aimait de plus en plus les anges... Cela m'a beaucoup étonnée de sa part, car cela ne correspondait pas du tout à l'image que je m'étais faite de lui : un pasteur dynamique, un aumônier attentif, un ami chaleureux, mais un illuminé qui croit aux anges ? Certes pas...

Et pourtant, à bien y réfléchir, il y a eu beaucoup d'anges pour porter le petit livre que vous vous apprêtez à lire : tout d'abord, celui qui est venu vous l'offrir ou qui vous l'a conseillé, mais aussi tant d'autres qui se sont trouvés là, au bon moment, pour m'aider à le concevoir et le réaliser !

C'est Adi Zurcher, pasteur de l'Eglise adventiste, qui le premier, m'a téléphoné : "Docteur, j'ai pensé à vous pour la prochaine réunion de notre groupe de paroisse. Accepteriez-vous de commenter pour nous un article du Nouvel Observateur sur le droit à la santé et le coût de nos soins ?" C'est ainsi que j'ai commencé ma réflexion sur les slogans qui font courir nos contemporains : quand la santé n'est qu'un droit, la maladie une injustice et la mort un scandale, le ciel reste désespérément vide. Angoisses et révoltes font de la vie une maladie définitivement mortelle...

Mon parcours de médecin d'enfants, ma connaissance intime d'autres cultures et ma foi chrétienne ancrée dans le protestantisme me conduisent naturellement vers d'autres perspectives : je reçois la santé, la vie et le bonheur, comme des dons précieux à partager. La souffrance est un cri que j'entends au plus profond de ma chair. Elle m'incite à mener un combat contre les forces obscures de la douleur, de la violence et de la solitude et ouvre mes mains pour accueillir l'espoir. La mort, la sinistre compagne de tant de veilles, m'évoque pourtant la porte étroite du jardin, encore fermée sur son mystère mais pleine des promesses de la résurrection...

Pierre Zentz, responsable de FM Plus, la radio protestante de Montpellier, sourirait si je l'appelais mon deuxième ange ! En 1995, son "billet d'humeur" de la semaine sainte a été l'occasion pour moi de reprendre les éléments de cette réflexion et de les proposer aux auditeurs en cinq minutes chaque jour. Cinq minutes pour parler de la vie, du bonheur, de la santé, de la maladie et de la mort, vous plaisantez ? Eh bien si, grâce à lui j'ai relevé le défi.

Il y eut alors une foule d'autres anges qui sont venus me dire : "Tes paroles nous ont touchés, il ne faut pas les laisser s'envoler... Cela pourrait aider certains de nos amis, nous aimerions les offrir à ceux que nous visitons..."

J'ai fait alors une rencontre encore plus lumineuse que les autres. Dans son mas des Cévennes, Henri Lindegaard m'a ouvert les trésors de ses aquarelles. Avec son épouse, il en a choisi quelques-unes et me les a offertes, une pour chaque jour de la semaine. L'une d'entre elles, gouttes de lueurs pâles dans l'aurore mauve, m'a inspiré le titre. Les sept autres ont pris place, comme la halte de chaque soir, dans ce chemin qui va de la montagne des béatitudes vers la croix et le soleil du matin de Pâques.

C'est alors que, du fond de mon esprit, je me suis mise en route avec Marie de Magdala, Marie, mère de Jacques, et Salomé, entre Jérusalem et la colline du tombeau... C'est dans l'espace entre leur tristesse, leurs doutes et la lumière qu'elles vont découvrir en levant les yeux que je chemine avec elles, en invitant le lecteur à s'identifier à cette scène.

Les femmes, durant leur parcours, vont évoquer la vie et les derniers instants de leur ami. Il fait encore nuit – comme dans notre monde. Comme elles, nous nous souvenons d'un Ami qui nous a parlé de l'amour et du bonheur, qui a partagé, à l'approche de la souffrance, nos révoltes et nos angoisses et qui est mort dans la violence. Comme elles, nous marchons dans le terrible silence qui suit la mort de l'Aimé, dans le silence incompréhensible de Dieu. Comme elles, portant herbes et parfums, nous essayons de lui rendre hommage par nos rites et par nos chants. Comme elles, nous levons les yeux au-dessus de la réalité quotidienne et nous pressentons que, lorsque le jour sera venu, nous le rencontrerons vivant...

Les propos journalistiques sont conservés en arrière-plan mais seulement pour souligner l'opposition entre la nuit dans laquelle se déroule le chemin et la lueur de l'aube qui permet de découvrir le sens profond des choses.

Les aquarelles marquent les différentes étapes de ce parcours. Elles en dessinent les paysages intérieurs : l'auberge du Samaritain que l'on nous demande d'ouvrir pour que chacun ait accès à la vie et à la santé ; le kiosque où un couple cherche un sens à la vie et découvre dans l'amour la quintessence du bonheur ; le pont qui bascule comme la vie, lorsque surgit la souffrance ; la colline à gravir sous l'orage lorsque l'épreuve risque de nous balayer ; le ciel obscur et la terre rougie du sang des hommes morts dans la violence ; la surface immobile du lac évoquant la souffrance muette de l'absence ou le mystère du silence de Dieu ; et l'éclat de la lumière divine dans la flamboyance d'un arbre doré...

Alors, à tous ces anges qui ont surgi sur ma route et qui me permettent aujourd'hui de vous transmettre la nouvelle, merci !

✦ ✦ ✦

DIMANCHE

« Quand le sabbat fut passé,

Marie de Magdala, Marie mère de Jacques,

et Salomé achetèrent des aromates

pour aller l'embaumer.

Et, à l'aube, le premier jour de la semaine,

elles allèrent au tombeau,

le soleil n'étant pas encore levé.

Elles se disaient entre elles :

"Qui nous roulera la pierre ?"

Et levant les yeux... »

Marc 16.1-4

Sur une route obscure...

On les distingue à peine, ces trois femmes en deuil qui marchent vers le tombeau d'un ami, pour lui rendre un dernier hommage. Marie de Magdala, Marie Jacobé et Marie Salomé, selon la jolie tradition provençale, sont parties de bon matin, les mains pleines d'huiles et d'aromates, dans le silence et la nuit. Elles songent à lui, humble charpentier de Galilée que Jérusalem avait acclamé comme un roi avant de le rejeter parmi les brigands. Trois années de feu, une semaine de tempête... Un passé qu'en silence elles évoquent, fait de vie simple et frugale, de rencontres surprenantes, de paroles brûlantes et libératrices, de tendresse et de sagesse infinie. Il avait ouvert des horizons nouveaux vers lesquels, avec lui, elles avaient accepté d'avancer. Il avait su les relever lorsqu'elles avaient trébuché, les réconforter lorsqu'elles s'essoufflaient, il les avait libérées de leurs peurs et de leurs esclavages. A la place d'une loi contraignante et dominatrice, il leur avait fait entrevoir l'amour et la miséricorde d'un Dieu-Père...

Mais le voici maintenant couché dans le froid du tombeau, après avoir été condamné à un horrible supplice et une prompte exécution. Seul, son corps sans vie les attend au bout du chemin. Que peuvent-elles faire d'autre que prolonger ce qui leur reste de bonheur par des rites, des gestes d'offrande pour un dernier adieu ? L'angoisse les étreint. La pierre sera trop lourde à rouler. La peine sera trop dure à supporter. Quel sens donneront-elles désormais à leur propre vie, vers quelle direction devront-elles se tourner, quel désir va-t-il les guider, quel amour pourront-elles retrouver ?

Lindegaard

Entre ces deux cris : “Bienheureux les pauvres” et “Mon Dieu, mon Dieu, pourquoi m’as-tu abandonné” se sont déroulées la vie, la passion et la mort de Jésus. Vie et bonheur, souffrance et mort, seule alternative de notre humanité ?

Nous vivons dans une autre époque... Avec son idéal de performance et de rentabilité, la nôtre émet, sur ces points, des idées fort arrêtées. Avez-vous lu un article du *Nouvel Observateur*, paru il y a déjà quelques années, intitulé : “Quand la guérison coûte trop cher, la dérive nous menace tous” ? L’auteur, J. Allia, résumait ainsi la philosophie de nos contemporains : “Depuis quelques années, la santé est devenue un droit, la maladie une injustice et la mort un scandale !” En lieu et place d’une réflexion mobilisatrice, on se contente de slogans réducteurs et on traque les coupables-responsables...

La recherche du bonheur à construire, à protéger, à retrouver constitue la trame de nos jours et pour beaucoup, nous avons le sentiment d’être presque arrivés au but. Pour nous, l’espérance de vie n’a jamais été aussi longue, nos maisons n’ont jamais été aussi confortables, notre intelligence aussi nourrie. Nous jouissons d’un climat qui nous évite de meurtrières catastrophes naturelles, nous avons mis en place des institutions justes et équilibrées, nos entreprises fonctionnent et notre niveau de vie nous transforme en consommateurs assidus.

Et pourtant, ce “bonheur” semble perpétuellement menacé. Tous les jours, nous sommes invités à nous protéger d’un nouveau mal mystérieux : après le sang contaminé, la vache folle, après le nucléaire, l’amiante ! Drogues dures et douces sont venues détrôner, dans nos conversations, les effets trop connus de l’alcool et du tabac... Certains cèdent aux discours pernicieux de la haine dans la peur d’être attaqués ou de perdre les avantages acquis. D’autres trompent leur ennui et leur angoisse dans la violence ou les plaisirs nocturnes... A tel point que la vie est devenue pour tout un chacun une route chaotique, bordée de précipices vertigineux, où les panneaux triangulaires signalant un danger ont remplacé peu à peu les indications de lieu et de direction ! Chaque nouvelle mise en garde accroît l'angoisse et l'agressivité collectives, sans véritablement aplanir les obstacles ni éclairer le chemin.

Pour répondre à ces angoisses, que nous reste-t-il ? Le monde a perdu ses enchantements et ses mystères. Nous imaginons que la science, la raison, les droits de l'homme et la démocratie suffisent à notre bonheur et nous font oublier l'absurdité du vide... Mais sommes-nous pour autant devenus plus raisonnables ? La torture, le crime et le génocide ont été, dans notre siècle, pratiqués avec une ampleur inimaginable pour nos aïeux. Des populations entières sont décimées par la faim, la maladie et la guerre. L'écart grandit entre ceux qui possèdent savoir, richesse, et santé et ceux qui en sont de plus en plus démunis. Notre idéal de justice et de paix a fait place aux compromis avec un système qui nous écrase. Les grandes passions et idéologies se sont éteintes sous les coups de boutoir du réalisme économique. Le ciel est devenu opaque, il est maintenant déshabité des dieux que nous avions façonnés à notre image... Les catastrophes et les injustices retransmises quotidiennement nous renvoient à notre impuissance. Nous allons de crise en crise et nous en sortons meurtris, révoltés. Et lorsque la mort vient frapper à notre porte, la nuit et le silence du ciel nous angoissent à nouveau. Vers quoi diriger nos pas, notre énergie, nos combats, notre espérance ?

Et pourtant, aujourd'hui, je me suis mise en route pour faire partie du cortège des amies du Christ. Car, dans la tristesse de ce monde injuste et violent, je garde le souvenir d'une rencontre avec un homme nommé Jésus en qui j'ai reconnu, et bien d'autres avec moi (vous aussi peut-être ?) notre source de vie et notre but ultime. Ensemble, nous nous réunissons pour relire les paroles d'amour et de liberté que nous avons apprises de lui. Nous faisons mémoire de sa vie en renouvelant les rites de l'eau, du pain et du vin, autour d'une table nappée de blanc... Dans une année, rythmée par les vacances scolaires et par les collections de mode plus que par les saisons ou les fêtes religieuses, une semaine reste riche en symboles pour tous ceux que la vie a blessés : celle qui précède la fête de Pâques, celle où nous nous souvenons de la vie, de l'agonie et de la mort du Christ sur la croix. Pendant cette semaine, voulez-vous, avec moi, accompagner les femmes de l'Evangile ? Alors, peut-être nos mains s'ouvriront, nos yeux se lèveront... Que verrons-nous poindre dans le frémissement de l'aube ?

✦ ✦ ✦

LUNDI

« Un Samaritain qui était en voyage,

arriva près de l'homme blessé.

Il le vit et fut pris de compassion. Il s'approcha,

banda ses plaies en y versant de l'huile et du vin,

le chargea sur sa propre monture,

le conduisit dans une hôtellerie et prit soin de lui.

Le lendemain, tirant deux pièces d'argent,

il les donna à l'aubergiste et lui dit :

"Prends soin de lui, et si tu dépenses quelque chose de plus,

c'est moi qui te le rembourserai quand je repasserai. »

Luc 10.33-35

Vie,
bonheur,
santé :
des droits à défendre ?

Chaque pas sur la route réveille un souvenir, une parole, un événement... Le formidable appel qui a bouleversé leur vie d'épouse, de mère ou de sœur, retentit encore à leurs oreilles... "Il m'a envoyé pour proclamer la bonne nouvelle aux pauvres, aux captifs la libération, aux aveugles le retour de la vue, aux opprimés la justice et pour tous une année d'accueil..." L'espoir fou, c'était hier... Toute la ville était venue acclamer cet homme dont la renommée avait franchi les frontières de sa province natale. Les paroles prononcées à Nazareth semblaient se réaliser ici à Jérusalem : la vie et le bonheur étaient enfin à leur porte ! Tous allaient s'unir pour combattre sous la bannière de ce nouveau roi, pour chasser le colonisateur et retrouver les droits et la dignité qui leur étaient dus. N'était-il pas celui qui devait venir pour rétablir leur peuple dans la justice et la liberté ?

Deux mille ans plus tard, la vie est encore un droit à défendre et le bonheur une conquête. L'anniversaire de la Déclaration des Droits de l'Homme a souligné combien notre société avait éprouvé le besoin de retrouver des points de repère, dans cette charte élaborée au sortir d'une guerre mondiale. De la shoah à Hiroshima, nous avions vu resurgir tous les démons de la terre, nous avions entrevu l'enfer absolu. Un code de survie, fait d'une liste de droits et de devoirs réciproques, était devenu indispensable pour l'ensemble des peuples de la terre.

Parmi eux, le droit à la vie serait le droit suprême de l'être humain. Celui-ci se décline en différents articles : liberté, intégrité, identité, sécurité, travail, etc. Le droit à la santé n'apparaît qu'en vingt-cinquième position. Cependant, il me paraît central quand il s'agit de parler de la vie et du bonheur. La santé n'est-elle pas définie comme un état de bien-être total, physique, mental et social ? De plus, pour moi, médecin d'enfants, il fait partie de mon champ personnel de connaissances et d'engagements. C'est aussi celui qui nous est suggéré le plus souvent dans les Evangiles et traduit en actes par cet étonnant "thérapeute" qu'était Jésus...

La santé serait donc un "droit" : n'y a-t-il pas dans cette formule un raccourci un peu trop simpliste ? S'il en était ainsi, la santé nous serait-elle due par nos sociétés, nos gouvernements du seul fait que nous appartenons au genre humain ? Nous pourrions donc la réclamer, voire l'exiger de ceux qui en seraient les détenteurs ou les opérateurs... Réclamer, exiger le bien-être, comme si le bonheur pouvait être capturé, mis en paquet-cadeau et vendu en supermarché tel un bien de consommation !

Car seraient pénalisés et écartés d'emblée de ce droit tous les malchanceux, atteints de maladies génétiques, congénitales et handicaps, et toutes les personnes très âgées devenant inéluctablement de plus en plus dépendantes...

Le texte de la Déclaration précise qu'il s'agit en fait du droit à un niveau de vie suffisant pour assurer sa santé, son bien-être et ceux de sa famille. Il faudrait donc, au lieu de cette formule, parler plutôt de droit aux soins de santé, qu'ils soient préventifs, curatifs ou palliatifs. Soins et assistance qu'il conviendrait d'accorder à chaque individu et donc de répartir plus équitablement sur l'ensemble de notre planète...

Quelle commune mesure, en effet, entre le droit aux soins de santé, dans tous ces pays où un enfant sur cinq meurt avant l'âge de cinq ans de maladies ou d'accidents parfaitement évitables, et celui de nos concitoyens où les excès procéduriers nous autorisent à espérer la naissance des seuls enfants parfaits, le traitement d'une maladie mortelle par une transplantation d'organes extrêmement périlleuse ou la "mort de vieillesse" en pleine santé à plus de cent-vingt ans ?

Et pourtant, dans nos pays riches où de telles prouesses scientifiques sont devenues possibles, il reste encore tant à faire pour accorder un véritable droit aux soins de santé à tous équitablement !

Demandons à nos médecins, à nos soignants et surtout à nos hommes politiques, des maternités où l'on ne meurt plus de traumatisme obstétrical, des cliniques où l'on ne commet plus d'erreur de produits anesthésiques, des services d'urgences accueillant les plus démunis comme les mieux lotis. Réclamons des transfusions de sang propre, des médicaments fiables, des vaccins efficaces et sans effets nocifs. Formons des soignants et des médecins disponibles pour entendre la souffrance de leurs patients. Exigeons que la douleur soit soulagée à tout âge de la vie, luttons pour que soit préservée la dignité humaine pour les handicapés, les malades mentaux, les personnes très âgées et les mourants ! Et ne laissons plus jamais quiconque mourir de froid et d'indifférence à la porte de nos hôpitaux...

A tout cela, il nous faut veiller, à condition d'offrir ces soins à tous et non d'en exclure une partie chez nous, et le plus grand nombre ailleurs... En effet, il semble intolérable de parler de droit à la vie et à la santé pour le million d'enfants morts du sida en Afrique et pour tous ceux que la rougeole, le paludisme, la tuberculose et de nombreuses autres maladies infectieuses, depuis longtemps disparues chez nous, continuent à décimer. Il semble cynique de parler de droit au bien-être pour ceux que notre société mercantile a rejetés sur les trottoirs de nos villes ou dans les barres de béton inhumaines des cités de banlieue...

Blandine, Fatouma, Nicodème... et vous tous, ces petits si nombreux, si fragiles, que j'ai vus souffrir et que je n'ai pu sauver faute d'un antibiotique adapté ou d'une perfusion trop onéreuse, vous que le paludisme, la tuberculose et le VIH privent encore chaque jour de votre jeunesse, je n'ai pas oublié votre petit visage

Lindegaard
86

fripé et vos grands yeux brûlants du désir de vivre. J'entends encore "les pleurs et les longues plaintes de vos mères, qui ne veulent pas être consolées parce que vous n'êtes plus..." Médecin aux mains nues, je continue à rêver à la loi qui ferait un jour cesser ce massacre des innocents...

Mais les décideurs de notre monde ressemblent comme des frères à ce juriste et ce prêtre qui passent leur chemin, bardés de la certitude de leur importance et ignorants de leur devoir d'ingérence humanitaire, lorsque tout un peuple est laissé mourant au bord de la route. Sans parler de nos industriels, arguant du culte rendu aux sacro-saintes Rentabilité et Compétitivité, qui laissent les malades non solvables des tiers et quart-mondes, orphelins des médicaments qu'ils produisent à grands frais (de publicité) pour les habitants nantis des deux premiers mondes... Certes, la conférence de Genève, en 1998, appelait bien à "réduire l'écart" entre les malades du sida de nos pays, bénéficiant de trithérapies salvatrices et ceux, mille fois plus nombreux, qui ne pourront jamais y accéder en raison de leur prix exorbitant. Mais les vœux des scientifiques et les cris des personnes touchées ne montent pas jusqu'aux oreilles des financiers internationaux...

Et si nous ne pouvons empêcher dans l'immédiat les bandits d'attaquer le voyageur, si nous ne pouvons contraindre les grands prêtres du dieu Mammon à briser leurs idoles, je vous inciterai à prendre dans votre sac à dos une trousse de premiers secours et quelques écus. Peut-être, sur le parcours que nous avons entrepris en compagnie des femmes galiléennes, rencontrerons-nous l'un de ceux qui restent définitivement à l'écart de ce fameux droit à la santé, au bien-être et au bonheur ? L'auberge où accueillir notre prochain blessé, panser son corps meurtri et restaurer son âme ne peut vivre sans nous...

✦ ✦ ✦

MARDI

« Vois...

Je mets devant toi

la vie et le bonheur,

la mort et le malheur...

Choisis la vie,

afin que tu vives... »

Deutéronome 30 15+19

Vie,
bonheur,
santé :
des dons à partager

Encore quelques pas en compagnie des amies de Jésus ? Elles se souviennent de lui, parcourant les collines de Galilée, s'arrêtant pour guérir ou pour prendre un repas, dans la foule ou avec ses amis. Il ne cessait de parler de la vie et du bonheur, il les comparait à un trésor caché, une perle de grand prix, à la graine d'un grand arbre où peuvent nicher des oiseaux multicolores, une terre féconde, une invitation à la fête... Il les promettait aux pauvres, aux enfants, aux doux et aux miséricordieux, aux affamés et aux maltraités...

La vie et la santé, avant d'être des droits, ne sont-elles pas d'abord des biens précieux qui nous sont offerts ?

Janvier revient chaque année, avec son cortège de cartes enluminées : "Veuillez recevoir, chers amis, mes meilleurs vœux de bonheur, de santé et de prospérité..." La santé n'est plus ici un droit, c'est un vœu laissé au hasard de la chance ou de la malchance. Le vœu porte en lui la marque et la force du destin qui se charge ou non de le réaliser tout en nous exemptant d'y participer. Est-ce une vision plus juste que celle du "droit" à la santé ? Je ne le crois pas...

Pour moi, la vie relève à la fois d'un don et d'un choix. Elle est un don que j'ai reçu de mes parents et à travers eux, de Celui qui en est la source. Elle m'est offerte en propre, à mon nom, inscrite dans l'histoire de ma famille. Aucun homme ni aucune circonstance ne peuvent en altérer la valeur. De ma naissance jusqu'à ma mort, quel que soit mon état de dépendance ou de dégradation physique, je porte en moi cet appel à vivre libre et digne d'amour et de respect.

Pourquoi la psychologie des profondeurs, censée nous libérer de nos émotions douloureuses, parle-t-elle si rarement de distinguer au-delà des inévitables blessures, ce qui nous a aussi été transmis par nos parents : leurs talents, leurs ressources, leurs valeurs et leur humanité ? Les auteurs bibliques ne s'y sont pas trompés : la reconnaissance est le premier pas dans la vie spirituelle, la louange est la première parole humaine...

Avec la vie, m'est m'offert aussi un choix : celui de la transformer en bonheur ou en malheur, en joie ou en souffrance, en liberté ou en esclavage, en bien ou mal-être... J'en suis responsable, comme l'un de ces talents distribués par le Maître à ses serviteurs, de façon tout à fait inégale d'ailleurs, et qu'il convient de faire fructifier le mieux possible..

La santé est un véritable présent, choisi pour moi avec amour, qui me comble de joie, car il représente la possibilité d'une vie active et libre.

Mais comme tout cadeau précieux, je le sais fragile. Il peut se ternir, se briser ou m'être dérobé d'un jour à l'autre sans crier gare... A partir du moment où je le reconnais comme tel et où mes mains s'ouvrent pour le recevoir, je sais qu'il sera très exigeant, car il n'est plus question que je le détruise moi-même ou que je n'y prenne pas garde.

Ainsi, de mon corps, je n'ai pas le droit de mésuser. Je n'ai plus le droit de le laisser se détériorer sans l'entretenir, de l'utiliser au delà de ses forces. Je ne peux plus l'abîmer par la recherche de plaisirs éphémères et volatils même s'ils apparaissent parfois comme des béquilles pour mon âme inquiète et alourdie.

Je n'ai pas le droit non plus de le détruire en abrégeant ma vie, sans chercher d'autres recours à une situation intolérable...

Comme la rose offerte au Petit Prince, je tiens à ma vie et j'en suis responsable. Il me faut la nourrir, l'arroser, lui parler, la respirer pour la voir s'épanouir en corolle parfumée sans me laisser impressionner par ses épines, toujours prêtes à me faire crier de douleur.

Comme nous le suggère ce couple tourné vers la lumière, penché au bord de l'infini, la vie et le bonheur sont d'abord une histoire d'amour : celui par lequel je suis née et qui m'a nourrie, l'amour de soi et de l'autre intimement liés. Car ce merveilleux cadeau, s'il m'est donné, je peux dans la joie, le partager, l'offrir à ceux qui m'entourent. Ne suis-je pas responsable, en grande partie, de la santé et donc du bien-être de ceux que j'aime ? Lorsqu'on parle de " soins " maternels, on évoque aussitôt la relation de tendresse d'une mère avec son enfant, la proximité et la chaleur du corps à corps et du cœur à cœur... Offrir et partager sa vie, c'est communiquer son bien-être à l'autre, par la présence, par l'écoute, par les simples gestes d'amitié ou d'amour, c'est " prendre soin ", tout simplement, de lui. L'amour partagé entre deux êtres n'est-il pas ce qui nous fait approcher au plus près de l'essentiel de la vie, le bonheur parfait ?

N'est-il pas question d'amour lorsque Jésus se lève de table, cette semaine-là, dépose son vêtement et prend un linge qu'il noue autour de sa taille ? Il verse ensuite de l'eau dans un bassin et commence à laver les pieds de ses disciples et à les essuyer avec le linge dont il était ceint...

Marie, la sœur de Lazare, sait bien qu'il est aussi question d'amour lorsqu'elle achète un parfum de grand prix pour oindre les pieds de Jésus. Et lorsqu'elle dénoue sa chevelure dans un geste tendre pour les essuyer, la maison en est toute embaumée...

Lorsque les compagnes de Jésus vont acheter les aromates c'est, pour une dernière fois, prendre soin du corps de l'Aimé. Et c'est au Vivant qu'elles songent, silencieuses, dans la nuit, c'est au bonheur chanté jadis par lui sur la montagne, le bonheur de la main tendue et du manteau partagé, le bonheur du paralytique debout, celui de l'aveugle illuminé, du boiteux dansant et du lépreux accueilli parmi les siens...

La vie épanouie et le bonheur auxquels nous aspirons, je ne peux les considérer comme naturels, mus par le hasard, encore moins comme un dû, ni comme un droit. Je ne peux les réclamer, encore moins les exiger, mais j'ose parfois les demander dans la prière pour moi-même et pour mes proches. Se mettre en grève pour les obtenir, manifester banderoles à l'appui ? Je préfère pour ma part me lever pour chanter une louange et remercier ceux qui me les ont donnés. Je goûterai leur saveur, je les laisserai me transformer. Puis, je les offrirai autour de moi sous forme de baumes, d'argent ou de compassion et je me ferai samaritain(e) pour faire reculer la souffrance...

✦ ✦ ✦

Lindegaard
95

MERCREDI

« Un mal brûlant me dévore,

il n'y a rien de sain dans mon corps.

Je suis engourdi, tout brisé.

Mon coeur gronde, je rugis.

Mon âme est agitée, les forces m'ont abandonné,

j'ai perdu jusqu'à la lumière de mes yeux.

Je suis près de tomber

et ma douleur est toujours devant moi.

Car je reconnais mes fautes,

je suis dans la crainte à cause de mes péchés... »

Psaume 38, extraits

« Maître, qui a péché, cet homme ou ses parents ?

Jésus répondit : Ni lui, ni ses parents, mais c'est pour que l'amour de Dieu se manifeste en lui... »

Jean 9.2-3

La souffrance, la maladie : une injustice ?

Le choix nous est offert : vivre et faire vivre de bénédictions ou nous fabriquer de pauvres succédanés du bonheur pour apaiser nos angoisses et notre faim. Il contient tous les risques de la liberté, y compris celui de nous perdre en chemin... Surtout lorsque la vie nous mène entre quelques bouts de routes bien balisées, vers des passages plus étroits. Quand survient une crise, maladie, chômage, deuil, il nous faut même traverser le pont sur l'abîme. Nous avançons avec mille précautions, agrippés au parapet de nos certitudes ou fermant les yeux pour ne pas céder au vertige. Mais, il arrive que tout bascule, alors même que nous avions posé de solides fondations. La panique nous étreint, la révolte gronde, tout s'assombrit : "Ce n'est pas possible, tout semblait si calme, si beau. N'avais-je donc rien vu venir ? Pourquoi moi ? C'est trop injuste !"

La maladie, une injustice ? Interrogation fondamentale pour tous ceux qui la vivent dans leur chair ou qui, comme moi, approchent chaque jour la souffrance du corps et de l'esprit. Question centrale des Evangiles, posée à Jésus en de multiples occasions.

La santé, on peut l'oublier, elle passe inaperçue, comme souvent le bonheur. La maladie, elle, se rappelle constamment à notre bon souvenir : elle se voit, elle se nomme, elle se soigne et parfois peut faire mourir... Elle nous fait souffrir, limite notre activité, altère nos capacités intellectuelles, trouble notre comportement.

Lindegaard
86

Malgré ces caractères objectifs, mesurables scientifiquement, nous la considérons dans notre société comme une injustice, une incongruité survenant dans le cours du long fleuve de la vie, sur lequel il nous faut naviguer toujours plus vite, toujours plus riches, toujours plus jeunes. Le moindre accroc dans cette course vers le toujours plus, est vécu comme un insupportable retard qui nous empêcherait – non pas d'arriver au but (lequel, au fait ?) – mais tout simplement de courir plus vite que les autres.

Ailleurs, la maladie n'est pas une injustice, elle est malédiction ou vengeance. Les seuls moyens de lutter contre ses effets sont d'en décrypter le sens caché, de reconnaître la faute originelle et de démasquer celui, homme ou esprit, qui en a été offensé. Il convient ensuite de le prier, de lui offrir des sacrifices pour lever la malédiction et atténuer la vengeance.

Avec l'avènement de la science et de la médecine moderne, la plupart de nos contemporains considèrent ces croyances comme autant de superstitions primitives ou de relents d'obscurantisme religieux. Mais sont-ils si loin de cette façon de penser ?

Ecoutons le discours ambiant :

– C'est horrible, cette maladie chez un enfant "innocent" !

– C'est bien fait pour eux, c'est de leur "faute", ils n'avaient qu'à...

– Pourquoi lui ? Qu'a-t-il fait, qu'ai-je donc fait pour "mériter" une telle souffrance ?

N'est-ce pas ce genre de réflexions que l'on entend autour de soi, à propos des toxico-dépendances, du cancer, du sida ?

Certes, il est presque inéluctable lorsque survient la maladie de se sentir soi-même coupable : coupable de n'avoir pas su préserver un certain "capital santé", coupable d'avoir mal vécu, d'avoir commis des erreurs, voire même, pour des parents, coupables d'avoir donné, en même temps que la vie, des gènes de maladies ou des germes de mort...

Mais lorsqu'on refuse ce poids de culpabilité, l'attitude la plus fréquente est de chercher ailleurs, chez l'autre, le responsable : le médecin qui a commis une erreur de diagnostic, le chercheur qui tarde à trouver le remède, les pouvoirs publics qui refusent les fonds nécessaires, le patron qui vous a exploité, l'échographiste qui n'a pas vu à temps la malformation, votre voisin qui vous enfume ou le soviétique qui vous tchernobilise... Et même, lorsque l'indemnisation est censée réparer l'injustice, cette fois bien réelle d'une erreur thérapeutique ou d'un accident du travail, le vrai soulagement est apporté par la punition des coupables, ou plutôt d'un coupable faisant figure de bouc émissaire...

Mais dans le cas d'une maladie grave ou d'un handicap congénital, quel coupable accuser de cette "injustice" ? Croirait-on encore dans notre société si rationnelle à un destin implacable, à une Providence aveugle ou en un Dieu vengeur pour ressentir si profondément la maladie comme une injustice ?

De la théorie de la réincarnation aux pratiques de sorcellerie, en passant par la traque judiciaire des responsables ou coupables, ce lien entre la maladie et la faute, entre la souffrance de l'innocent et l'injuste punition est présent dans de nombreuses cultures y compris dans la nôtre. Nos religions monothéistes n'en sortent pas indemnes. Le Dieu de l'Ancien Testament apparaît souvent comme jaloux, prompt à la colère et prêt à faire tomber sur le coupable les foudres du ciel : Eve doit accoucher dans la douleur pour avoir croqué le fruit défendu, le peuple d'Egypte est frappé d'effroyables épidémies et catastrophes pour avoir refusé la liberté aux enfants d'Israël et les prophètes ne cessent d'annoncer toutes sortes de châtiments en punition des crimes commis par le peuple d'Israël. L'enchaînement : péché - maladie - sacrifice - rachat - pardon est profondément ancré dans la culture de cette époque.

Une interprétation fondamentaliste du christianisme a longtemps laissé une grande place à cette conception des choses. L'injustice scandaleuse, celle du procès inique de Jésus, condamné politique par les puissants de son temps, alors qu'il annonçait le Royaume de l'amour et du bonheur, l'a transformé en une victime expiatoire, en Agneau innocent, mort pour nous sauver, nous pauvres pécheurs... Comme si son Père, Celui qui veille sur le passereau et le lys, Celui qui libère et guérit, Celui qui accueille le mendiant et le brigand à la même table, avait eu besoin de torture et de sang pour nous ouvrir ses bras !

Messieurs les Docteurs de la Loi, toutes vos tentatives d'explications ne sont jamais convaincantes. Elles laisseront toujours entier le mystère du Mal, si intimement mêlé au Bien, signe de notre finitude et de notre fragilité...

Comme à ses disciples tentant de comprendre la cécité de Bartimée, Jésus répond à nos interrogations, à nos indignations : "Ne ressassez plus les fautes passées. Relevez-vous et marchez vers votre avenir ! Je suis là, à vos côtés..." Et si, sur la route passant par Gethsémané, l'on essayait ensemble de raisonner autrement, de sortir de l'éternel schéma du juste et de l'injuste, du coupable et de la victime, pour donner sens à ce qui paraît insensé et surtout pour se battre en ne se trompant pas d'ennemi ?

✦ ✦ ✦

JEUDI

« Seigneur,

quand nous est-il arrivé

de te voir affamé et de te nourrir,

de te voir assoiffé et de te donner à boire ?

Quand nous est-il arrivé

de te voir étranger et de te recueillir,

nu et de te vêtir ?

Quand nous est-il arrivé

de te voir malade ou en prison

et de venir à toi ? »

Matthieu 25.37-39

« Alors lui apparut du ciel

un ange qui le réconfortait. »

Luc 22.43

LA SOUFFRANCE, LA MALADIE : DE L'ÉPREUVE AU COMBAT

La maladie, ni injustice ni punition, mais épreuve et combat, c'est du moins ce que m'évoquent, dans le coude à coude avec les amies de Jésus, les souvenirs de ce dernier jeudi... Prononçait-il dans l'épreuve qui s'annonçait, les paroles du psalmiste dans la détresse : "Je crie vers toi, Seigneur, sois attentif à ma douleur, je suis brisé" ; "Délivre-moi de ma souffrance car elle est plus forte que moi !" Tant de cris semblables retentissent à travers les écrits bibliques, en écho à ceux de l'humanité tout entière...

A Gethsémané, lorsque de son front coulait une sueur semblable à du sang, Jésus s'écriait : "Père, s'il est possible que cette coupe passe loin de moi !" Et il encourageait ses amis : "Veillez et priez pour ne pas tomber sous la force de l'épreuve !" Puis-je traduire ainsi la prière qu'il nous a enseignée : "Père, ne me soumets pas à trop grande épreuve, délivre-moi de ma souffrance" ?

Epreuve, ce mot a-t-il un sens aujourd'hui où la course au profit et les lois du plaisir immédiat semblent gouverner les esprits ? Il n'y a plus guère que dans le champ sportif que l'on comprend encore ce que peut être une épreuve librement choisie, vécue dans l'effort et le risque, pour accroître ses performances et espérer la victoire... Mais la maladie, épreuve subie et involontaire, s'impose à nous et pèse tout son poids de douleurs, de mutilations, d'angoisses et de séparations.

Pour beaucoup, c'est l'escalade solitaire d'une colline aride où chaque pas augmente la soif d'être soulagé et guéri. La solitude, l'exclusion, la misère, la perte de l'espoir, le manque de racines et la fragilité de l'être rendent l'épreuve insurmontable, entraînant celui qui la subit vers la ruine du corps et de l'esprit, la spirale des échecs successifs, du repli sur soi et de la mort.

N'y a-t-il pas une aberration à vouloir donner un sens à une telle souffrance ?

Et pourtant ces malades qui succombent dans l'épreuve ne sont-ils pas pour moi, pour vous, un appel à mieux les écouter, les entourer, les soulager, à mieux faire notre métier pour trouver des solutions à leur mal, à mieux lutter pour le prévenir ? Ils n'ont pu arriver au sommet parce qu'ils étaient seuls, sans base arrière, sans relais, sans guide. Chargés d'un barda inutile, les semelles lourdes de la boue accumulée sur leur trajectoire, ils n'ont trouvé personne pour les aider à faire face. Epreuve insurmontable pour eux, appel désespéré à entendre, présence à donner, combat qui continue pour moi, pour nous tous.

La maladie, pour d'autres, c'est l'orage qui ravine la terre, qui brise les arbres les plus solides, qui charrie de la terre et des rochers. C'est un coup de tonnerre, une alarme qui les invite à mieux écouter le langage du corps, à remettre en ordre une harmonie brisée, à se dépouiller peu à peu des “ encombrants ” pour continuer à gravir la côte... Ceux-là continuent à penser que derrière la crête sombre, brillera une lumière neuve et lèvera une herbe tendre...

J'en connais ainsi un grand nombre, broyés par un mal incurable, foudroyés par un diagnostic de cancer, de sida, endeuillés par la perte d'un enfant ou d'un conjoint, qui mettent en œuvre toutes leurs ressources pour lutter debout.

Je me souviens de ces parents séparés se retrouvant au chevet de leur enfant atteinte de leucémie et tentant de lui offrir ensemble leur tendresse,

...de ce couple dont deux enfants ont été guéris d'un cancer, animant depuis plus de dix ans, une association de soutien pour les autres parents,

...de cet homme emmenant sa famille pour une croisière en voilier, dont il reste le capitaine, un mois avant de mourir de la maladie qui le ronge,

...de cet autre, séropositif, trouvant dans la foi, la force de se libérer de la drogue, d'élever ses deux enfants, de se réconcilier avec sa compagne, elle aussi atteinte de sida et de l'accompagner jusqu'au bout,

...de ces deux femmes, mère et fille, l'une âgée et l'autre aveugle, se soutenant l'une l'autre,

Lindegaard
86

qui effectuent des visites souriantes et sereines aux pensionnaires d'une maison de retraite, ...et de cet enfant de sept ans, en stade terminal d'une tumeur maligne, offrant à sa mère avec un sourire et ce regard appuyé et lointain des enfants trop mûrs, un dessin représentant une femme visiblement enceinte : "Comme ça, maman, Marie-Anne (la petite sœur) aura quelqu'un pour jouer avec elle..."

Mais ils n'étaient pas seuls ! Aidés par leurs proches, soutenus par leur médecin, accompagnés par une personne chère ou ayant déjà parcouru un long cheminement spirituel, ils pouvaient traverser l'orage et atteindre la ligne d'où l'horizon s'éclaircit.

Marie de Magdala, Marie mère de Jacques et Salomé avaient-elles contribué à la préparation du dernier repas de Jésus ? Leurs mains avaient probablement pétri le pain sans levain, avaient jeté dans l'eau bouillante les herbes amères, avaient puisé le vin au tonneau, avaient orné la table de fête. Dans cet humble accompagnement, dans ces simples gestes d'offrande, je me plais à imaginer qu'elles l'ont aidé à traverser l'épreuve et qu'elles en ont été elles-mêmes fortifiées.

Ainsi, visiteurs et soignants, amis et aimés cheminent-ils ensemble dans la traversée de l'épreuve pour la rendre plus légère à celui qui souffre. Et parfois, dans cette proximité avec le malade, dans cette bulle de tendresse et de compassion, on ne sait plus qui est le soignant, qui est le soigné, qui soutient et fait grandir l'autre. Tous peuvent alors éprouver la sensation d'une Autre présence, qui vient à leur rencontre... Oui, pour tous ceux-là, le combat contre la maladie est une étape de leur croissance, une progression vers la maturité et la sagesse, une marche vers l'accomplissement... Les détails perdent leur importance, l'essentiel est retrouvé. Il n'est plus question pour eux de crier à l'injustice ou de demander réparation. A leur chevet, un autre regard surgit et vous enveloppe. A écouter ces malades, à rencontrer ces personnes, j'ai beaucoup appris : épreuve surmontée pour eux, humilité retrouvée pour moi, émerveillement devant la force qui leur est donnée... Et, je me surprends parfois à croire à l'ange qui vient réconforter Jésus au jardin de Gethsémané et que seul Luc, le médecin de l'Evangile, voit apparaître à ses côtés...

VENDREDI

« Méprisé et abandonné des hommes,
homme de douleur et familier de la souffrance,
tel celui devant qui on cache son visage ;

...Brutalisé et humilié, il n'ouvre pas la bouche,
comme une brebis devant ceux qui la tondent,
comme un agneau traîné à l'abattoir ;

...On a mis chez les méchants son sépulcre,
chez les riches son tombeau,
bien qu'il n'ait pas commis de violence
et qu'il n'y ait pas de fraude dans sa bouche... »

Esaïe 53.3, 7, 9

Lindegaard
84

La mort :
un scandale ?

Vendredi saint, jour de colère, jour de scandale. Aujourd'hui nous abordons l'étape la plus difficile de notre réflexion : la mort est-elle ce scandale incompréhensible contre lequel il faut hurler ou se taire pour oublier qu'il existe ?

Il est très délicat d'aborder ce sujet avec des mots justes. Parler de la santé et du bien-être peut se faire entre connaissances dans un dîner en ville, le discours sur la maladie est déjà réservé à un cercle d'intimes, alors que les mots sur la mort se mettent dans le secret de notre cœur ou tout juste avec l'aumônier qui vient nous visiter.

La mort est devenue si scandaleuse à notre siècle d'orgueilleux qu'il convient d'en effacer toute représentation sociale, d'en cacher tout signe extérieur de tristesse : enterrements presque furtifs, sans rite ni foule en pleurs, cimetières cachés derrière leur clôture, incinération hygiénique et deuils figés dans la hantise de montrer la moindre émotion. Le courage se mesure à la rapidité avec laquelle l'endeuillé est capable de reprendre, comme si de rien n'était, ses activités habituelles. Le noir est devenu l'uniforme des jeunes, il serait incongru de leur rappeler qu'il habillait jadis ceux qui pleuraient un mort...

Et pourtant la grande faucheuse reste omniprésente et quotidienne dans nos journaux et sur nos écrans. Elle revient sans cesse nous éclabousser de sang et d'horreur en plein repas ou dans nos temps de loisirs. Comme si elle voulait nous dire : " Hou hou, je suis là, pas très loin ! " En Algérie, au Soudan, en ex-Yougoslavie et ailleurs, des enfants, des adultes sont morts sous nos yeux blasés, démotivés par tant de protestations oubliées, pressés de mille et une inquiétudes plus urgentes.

"Si tu es là-bas, restes-y, ne viens pas rôder jusque chez nous, tu n'as pas de place dans notre vie, nous sommes des gens très occupés, nous n'avons pas le temps de mourir..."

Scandale, la mort ? Où est le vrai scandale ? Dans celui qui meurt, ou dans celui qui torture et qui tue ? Ou dans celui qui souffre de mille douleurs, d'exclusion, de solitude alors que nous n'avons pas voulu écouter son cri, nous avons pris la fuite devant son angoisse et nous n'avons pas su le soigner et l'accompagner ?

Ou dans ces maisons-mouroirs où nous délaissons trop souvent ceux dont l'âge a détruit lentement le corps et l'esprit ?

Ou dans le silence gêné fait de crainte et de désapprobation muettes, lorsque nous apprenons qu'un tel, parent, collègue de bureau ou camarade, est atteint du sida ?

Ou encore dans notre sentiment de toute puissance alors que nous continuons à fumer cigarette sur cigarette, à dépasser le cent soixante sur les routes et à flirter avec le risque, sans nous protéger ?

Encore plus scandaleux sont les morts de notre impuissance à faire cesser les massacres en Algérie, les morts de nos livraisons d'armes aux tyrans de peuples affamés, les morts de l'embargo imposé à tout un peuple, doublement victime de son dictateur et de la guerre, les morts de la famine provoquée par les spéculateurs et les financiers, les morts de la misère engendrée par les compromissions de nos "grands" et l'indifférence des nantis...

Scandaleuse est notre terre, rougie par le sang de millions d'innocents, et scandaleux est notre ciel obscurci par les fumées de nos usines d'armements comme si celles des camps de la mort n'avaient pas suffi...

Scandaleuse est la croix élevée sur la colline de Golgotha, la condamnation prononcée contre un innocent, l'abandon dans lequel on l'a laissé gravir les marches du calvaire, la torture ignominieuse de son agonie. Son cri retentit encore, par delà les siècles, lorsqu'on ose écouter ceux qui meurent dans la violence ou dans la douleur : "Mon Dieu, mon Dieu, pourquoi m'as-tu abandonné ?"

La mort, scandale ? Non. Pas la mort, mais la violence, la douleur, la solitude qui peuvent lui faire escorte.

Comme la femme de Pilate essayant d'alerter le gouverneur, comme Simon de Cyrène qui aida Jésus à porter son fardeau, comme le centurion romain bouleversé par la mort du Juste, comme Joseph d'Arimathée lui offrant son tombeau, donnons-nous les moyens de les affronter autrement que par la fuite, l'angoisse ou le silence.

Reconnaître la violence tapie en chacun de nous, toujours prête à bondir pour mieux la maîtriser, la laisser couler en pleurs et en cris de révolte devant celui ou celle qui saura l'accueillir et la comprendre, prendre de la distance avec nos haines et nos exaspérations pour nous réconcilier avec notre frère ennemi sont les premiers pas vers la paix, humbles mais, ô combien nécessaires !

Prendre la plume pour combattre l'injustice livrant à la prison et à la torture des milliers d'innocents, militer pour la réduction des ventes d'armements et contre la dissémination des engins de mort, soutenir et accueillir les victimes de la tyrannie, soulager les mourants de leurs souffrances, entourer ceux qui agonisent dans la solitude, il existe mille et une autres manières de dénoncer la loi des plus forts et désamorcer les vrais scandales.

Alors, peut-être la mort nous apparaîtra-t-elle tout autre...

✦✦✦

SAMEDI

**« Les trois amis de Job apprirent tous les malheurs
qui lui étaient arrivés. Ils se concertèrent et partirent
chacun de leur pays, pour le plaindre et le consoler.
Ayant de loin porté les regards sur lui,
ils ne le reconnurent pas,
et ils pleurèrent alors à grands cris.
Ils se tinrent assis à terre auprès de lui
sept jours et sept nuits, sans lui dire une parole,
car ils voyaient combien sa douleur était grande... »**

Job 2.11-13

**« Je hurle vers toi et tu ne me réponds pas...
Oh, qui m'aidera à trouver quelqu'un qui m'écoute ?
Voilà mon dernier mot.
A Lui de me répondre ! »**

Job 30.20+31.35

La mort : silences...

Eliane, mon amie, tu es morte, vaincue par le cancer mais pleinement vivante, jusqu'au bout. Bien calmée par de puissants antalgiques, veillée jour et nuit par ceux que tu aimais, tu semblais prête. Tu souriais lorsque nous évoquions ces merveilleuses fêtes de Noël que tu organisais pour les enfants de l'école biblique... Tu accueillais tes nombreux amis venus de toute la France pour t'apporter un poème, un geste de tendresse, des fleurs, des mots d'amitié et toute leur peine de te voir partir si tôt... Tu remerciais d'une caresse ta fille qui arrangeait ton oreiller, tu attendais impatiemment la naissance de ta petite-fille. Tu fermais les yeux lorsque les tiens rassemblés autour de toi, priaient et chantaient pour te réconforter. Ta chambre était devenue un lieu mystérieux, un temps arrêté, où se mêlaient la joie de t'avoir connue et la douleur de te quitter, immenses toutes deux...

Oui, la mort peut être autre chose que scandale, échec, même s'il faut perdre cette illusion d'immortalité que la science triomphante a trop longtemps entretenue.

Oui, la mort peut être dissociée de la douleur physique et des souffrances morales qui l'escortent encore trop souvent par de meilleurs soins palliatifs et par un accompagnement chaleureux.

Non, la mort ne se confond pas toujours avec la violence, la haine, l'exclusion que nous voyons trop fréquemment présentes à ses cotés sur nos écrans et dans notre quartier.

Même si cela était, la mort en deviendrait-elle pour nous naturelle, sereine, paisible et douce ? Pourrait-elle être simplement l'amie que l'on attend après une vie bien remplie ?

Non, bien sûr, car lorsqu'est venu le temps de l'affronter dans notre chair, lorsqu'elle frappe un de nos proches surtout s'il s'agit d'un adulte en pleine force de l'âge, d'une mère de famille, d'un jeune en plein devenir ou d'un enfant, qui pourra atténuer le désarroi, la révolte, la détresse qui nous étreint ?

La mort injuste, la mort incompréhensible devient alors silence.

Silence du néant, du vide, de l'absence où la voix, les gestes, la caresse, les rires et le parfum sont à jamais enfouis sous terre et figés sur les photos dans la mémoire qui s'enfuit avec le temps qui passe.

Silence de ceux qui, privés d'une partie d'eux-mêmes, de l'amour et du soutien sur lesquels ils avaient bâti leur vie, s'enfoncent dans le trou noir de la dépression.

Silence de ceux qui les entourent et ne savent comment manifester leur amitié, leur sympathie sans raviver la peine.

Silence du deuil qui ne peut plus s'exprimer par des signes ou des rites, catalyseurs des émotions, dans une société toujours plus exigeante pour les forts et déshumanisée pour les plus faibles.

Silence des remords de ne pas avoir su, de ne pas avoir dit, de ne pas avoir fait, quand il était temps, d'avoir mal aimé, d'avoir parfois trahi...

Silence des cimetières où, derrière leurs hauts murs et leurs haies de cyprès, on n'entend plus les pas furtifs de ceux qui pleurent, tandis que les bruits de la ville emplissent tout l'espace.

Notre société sans espérance enterre précipitamment ses morts mais elle agonise du silence qui rend la vie absurde et douloureuse. Plus rien n'a de sens que le plaisir immédiat, plaisir conféré par la jeunesse, la richesse, le pouvoir...

Et si beaucoup d'entre nous remplissent leur vie de créativité, de travail, d'engagement social ou humanitaire, n'est-ce pas parfois, pour conjurer l'événement

Lindegaard

final, pour éviter l'irruption de l'angoisse, le poids de la culpabilité, la profondeur du doute ?

A ce silence de ceux qui passent sur "l'autre rive", à ce mystère de leur disparition au delà du visible – sont-ils engloutis dans l'eau du néant, sont-ils dans la lumière d'un horizon lointain ? – répond en écho le mystère du silence de Dieu. Pourquoi ce silence, cette absence alors que nous avons tant besoin de leurs paroles de vie, de leurs regards de tendresse ?

Pourquoi ce silence, cette absence douloureuse, incompréhensible, de Dieu dans un monde qui a tant besoin d'entendre une voix de sagesse et de compassion ? Dans tes paraboles, Seigneur, le Maître s'en va pour laisser ses serviteurs agir à sa place, mais qu'il est lourd pour nos épaules ce fardeau de responsabilité, qu'elle est dure à vivre notre liberté, que le murmure de ta parole est ténu...

Avec mes trois amies, bientôt arrivées au bout de la route, je me pose la question : "Qui nous roulera la pierre ? Qui nous ouvrira les portes de l'espérance ?"

Et si la mort était encore tout autre chose que le silence, ou la désespérance ? Par delà le marbre de nos tombeaux, j'entends le frémissement de l'aube...

Demain, se lèvera la lumière de Pâques !

✦ ✦ ✦

DIMANCHE

« Mets-toi debout et deviens lumière,
car elle arrive ta lumière :
la gloire du Seigneur sur toi s'est levée.
Voici qu'en effet les ténèbres couvrent la terre
et un brouillard, les cités.
Mais pour toi, le Seigneur va apparaître
et pour toi, sa gloire est en vue.
Les nations vont marcher vers la lumière
et les rois vers la clarté de l'aurore.
Désormais, le soleil ne se couchera plus
et la lune ne s'obscurcira plus.
Car l'Eternel sera la lumière de toujours
et les jours de deuil seront révolus. »

Esaïe 60.1-3, 20

AU BOUT DU CHEMIN, L'ESPÉRANCE...

La mort peut-elle vraiment être tout autre chose que scandale, désespoir, silence ? Certes, pour ceux qui sont aujourd'hui dans le deuil d'un des leurs, la mort reste le grand silence douloureux de la séparation. Mais il peut devenir un silence nourri d'espérance, celle de la nuit précédant le matin de Pâques, où tout semblait sombre et pesant comme la pierre du tombeau mais où déjà pointent les bourgeons des arbres fruitiers et se lèvent les premiers rayons de l'aube, dans le jardin des Oliviers.

A l'intérieur de ce silence, Pâques vient nous dire : la mort n'est pas scandale, elle est une porte : une porte étroite, obscure, mystérieuse, passage d'une maison à une autre plus grande, plus belle, plus lumineuse, la maison du Père.

Oh, les théologiens de tous les temps ont bien essayé de nous le dire, avec plus ou moins de force et de conviction, avec plus ou moins d'accents sur le ciel, l'enfer ou la terre. Nous l'avons en tous cas, déjà entendu. Mais nous ne voulons pas vraiment les croire, nous sommes dans notre siècle, d'éternels Saint-Thomas. Nous ne croyons que ce que nous pouvons voir, mesurer, toucher.

Sans verser dans l'ésotérisme ou le mysticisme, mon métier, celui de médecin d'enfants, m'a fait entrevoir une autre réalité.

Tant de fois, ai-je entendu un mourant, enfant ou adulte, m'annoncer avec certitude la date précise de son retour à la "maison", alors que son état rendait impossible tout transport à domicile ! Maintenant je sais avec autant de certitude qu'il m'annonçait la date exacte de son décès.

Quelques minutes avant sa mort, une petite fille de huit ans murmure à ses parents éplorés : "Maintenant je vais mourir, mais ne vous inquiétez pas, tout est bien." Etait-ce seulement pour les consoler ou parce qu'elle s'était sentie accueillie, comme l'un de ces petits qu'aimait Jésus ?

Et pourquoi cet adolescent révolté, anxieux s'apaise-t-il soudain ? Il sourit parce que sa mère a su trouver enfin les mots pour lui dire au revoir, le confier à son grand-père décédé et lui décrire la joie et la lumière qu'il trouvera auprès de Dieu.

J'ai moi-même retrouvé la paix longtemps après le décès de ma jeune sœur de dix-huit ans, lorsqu'en feuilletant l'un de ses livres préférés, j'ai découvert un mot écrit de sa main où elle avait noté de façon prémonitoire, un verset du psaume 139 : "Même si je prends les ailes de l'aurore pour habiter au-delà des mers, là encore ta main me conduit, ta droite me soutient."

Et puis, même s'ils gênent la rationalité de mes confrères et la conscience de nombreux théologiens modernes, je ne peux passer sous silence tous les témoignages maintenant bien connus, de ceux, y compris des enfants, qui ont raconté leur expérience aux frontières de la mort, étape généralement décisive et transformatrice de toute leur vie.

Mon métier, ces rencontres, ces témoignages, ces lectures m'ont fait redécouvrir la dignité, la paix et le sourire de ceux qui nous précèdent vers cette maison où nous serions tous attendus. Qui retrouvent-ils ? Sans doute ceux qui les ont aimés car l'amour a besoin de visages pour s'épanouir. Beaucoup, au seuil de la mort, semblent "oublier" ou plutôt se retirer des vivants pour évoquer ces personnes qui les attendent.

Ils sont sûrement accueillis aussi dans la joie, la lumière et l'amour de Dieu, par le Christ ouvrant ses bras, non dans la pose du crucifié, mais dans le geste de l'ami retrouvé. "Ami, pourquoi pleures-tu ? Que cherchais-tu ?" Il leur offre sa paix...

Pourquoi se taire encore sur cette espérance clairement annoncée par l'évangile au matin de Pâques ? Pourquoi certains de nos prédicateurs n'évoquent-ils que les seules résurrections qui se produisent ici-bas dans une vie jalonnée de fractures ?

Bien sûr, il y a quelques raisons. Nos mémoires résonnent encore du jugement dernier, de l'enfer et du paradis décrits en termes puérils, surannés ou effrayants si bien qu'il nous est impossible de retrouver des images signifiantes et belles pour nos contemporains. Pour les assoiffés de pouvoir et de richesse, ces mots ont même été travestis et utilisés pour effrayer, asservir, tuer. Beaucoup de protestants, par crainte de tomber dans le culte des morts qu'ils réprouvaient dans les autres confessions chrétiennes, ont eu tendance à escamoter les questions sur l'au-delà. Et pour les scientifiques qui n'acceptent pour preuve que les diktats de leurs neurones, elles ne sont que des produits dérivés de l'ignorance ou de la névrose.

L'expression consacrée du Credo : "résurrection de la chair" a ainsi progressivement été vidée de son sens. Rangée parmi les mythes obscurs, entre la naissance virginale de Jésus, les miracles, la transfiguration ou la descente au séjour des morts, elle est souvent prononcée au cours des assemblées, du bout des lèvres – quand elle n'est pas remplacée par une formulation plus moderne et percutante... mais pas toujours plus explicite.

Et pourtant, l'espérance d'une nouvelle naissance, d'une vie transfigurée, d'une transformation mystérieuse de notre être, d'un corps spirituel succédant au corps biologique a traversé les époques et les lieux. Bien avant l'apôtre Paul et jusqu'à nos jours, la "résurrection" des morts a toujours été objet de doutes et d'interrogations, parfois de certitude pour ceux qui, en cette vie, ont approché par des visions ou une expérience d'agonie, une autre réalité. Mais les seules images de notre environnement connu, les seuls mots de notre langue ont toujours été impuissants à décrire le mystère d'un monde au-delà de la mort, au delà de la science, au delà de nos perceptions et sensations. L'embryon peut-il imaginer le berceau des bras maternels ? La larve peut-elle savoir la couleur des ailes du papillon ? Que pouvons-nous sentir des fleurs du jardin lorsque la porte est encore fermée ? Un rayon de soleil à travers la fenêtre, peut-être viendra nous en suggérer la beauté... Jésus, par sa proximité avec l'Esprit, par son intimité avec la Source de Vie, nous a dévoilé mieux que tout autre, le sens et le but de toute existence humaine...

Le soleil levé, Marie et ses compagnes découvrent la pierre, très lourde, très grande, roulée malgré les gardes préposés à sa surveillance. Un homme jeune, vêtu de blanc, auréolé de lumière, les accueille et les rassure. Il les envoie auprès des disciples. Elles se taisent car elles ont peur du mystère (ou des sarcasmes ?) Jusqu'à ce que Marie entende une voix qui doucement l'appelle par son nom...

Réagirons-nous comme Pierre, Thomas et les autres ? Les prendrons-nous pour des exaltées, des visionnaires, des délirantes ? Nous sommes des gens trop sérieux, trop instruits pour croire à tant de balivernes ! Et pourtant leur émerveillement est venu jusqu'à nous : Il est VRAIMENT ressuscité !

Cette nouvelle les a bouleversées, libérées de la peur et du doute. Elle a transformé dès ici-bas, la vie de tant d'hommes et de femmes... Pour attester de sa vérité et pour la proclamer autour d'eux, ils ont pris la route en chantant, avec un sac et un bâton de pèlerin, abandonnant ce qui leur semblait superflu. Ils ont marché tendant la main aux pauvres, aux humbles, aux malades, aux opprimés et aux prisonniers, rencontrés sur le bord du chemin. Comme leur Maître, ils ont parfois été torturés ou mis à mort. Beaucoup ont quitté cette vie, sereinement et heureux des choix qu'ils avaient faits, pour retrouver Celui qui les attendait...

Que craignez-vous donc ? Pourquoi ne pas proclamer encore à ceux qui vivent dans notre siècle qu'au delà de la mort, scandale pour eux, surgit une promesse de grâce et de vie ? Alors ils pourront de nouveau comprendre que la vie, comme la santé et le bonheur, est un don à partager dans l'amour, que chaque crise - maladie, chômage, deuil, vieillesse - est un pont à franchir, un combat à mener dans la confiance, et que la mort est une porte d'espérance qui ouvre sur un jardin lumineux...

✦ ✦ ✦

Lindegaard
88

Table

Imprimé en France
pour Réveil Publications

Réalisation :
Atelier Diagonal' - Grenoble

Dépôt légal :
3e trimestre 1999